Le chanteur

Recueil des chanson

Louis Ange Pitou

Alpha Editions

This edition published in 2024

ISBN : 9789362513939

Design and Setting By
Alpha Editions
www.alphaedis.com
Email - info@alphaedis.com

PRÉFACE.

COMMENT JE M'ÉTAIS FAIT CHANTEUR.

Je me souviens toujours avec plaisir d'avoir chanté à Paris, depuis 1795 jusqu'en 1797, pour chasser la misère et gagner ma vie, et je remercie le public d'avoir déposé en ma faveur le préjugé qu'il a contre tous ceux qui exercent la même profession que moi. Jadis les troubadours inspirèrent aux Français cette gaieté qui fera toujours notre caractère distinctif: mais, depuis notre civilisation, tout le monde a voulu chanter, et la paresse, la misère, l'ignorance et la mauvaise conduite ont bientôt fait pulluler les chanteurs. C'était autrefois un état considéré, et même lucratif; car les premiers troubadours étaient instruits, gais et probes. Ils ne chantaient que par délassement leurs maîtresses, leurs infortunes, et les exploits des sires, des damoisels et des châtelains. Ils voyageaient pour s'instruire; ils trouvaient un asile chez les grands dont ils composaient l'histoire en vers gothiques.

Un grain de vanité est le partage de tous les hommes: le nain prend des échasses, pour s'égaler au géant; ainsi je me crus historien en me faisant chanteur.

Dans le premier volume de mon Voyage à Cayenne[1] j'ai parlé des motifs qui me forcèrent à chanter en public; beaucoup de personnes me croient mort, d'autres viennent me demander si réellement c'est bien moi? Oui, oui, leur dis-je, j'ai traversé gaiement une fournaise ardente; j'ai écrit mon voyage, j'ai chanté au milieu des tourments: à ma voix, le Ténare a souri.... Aujourd'hui, je joins au récit de mes traverses, et les chansons qui m'ont fait exiler, et les airs qui m'ont préservé des influences malignes du climat dévastateur que j'ai foulé pendant trente mois.

Si mon retour fait croire aux revenants, c'est que je suis revenu d'un autre monde avec la même gaieté que j'avais avant mon départ.

Comme l'originalité est mon lot, je me suis établi libraire dans la rue Croix-des-Petits-Champs, numéro 21, près la place des Victoires. Du seuil de ma porte, je vois l'ancien théâtre en plein air, où j'ai chanté les *mandats*, les *patentes*, le *père Hilarion*, les *incroyables*, les *collets noirs*, les *contradictions*, les *lunettes*, la *béquilles* et autres vaudevilles, accompagnés de commentaires qui m'ont valu la déportation.

Toutes les fois que je passe dans la rue Saint-Denis, je m'arrête à considérer la maison de l'Homme Armé, où je débutai en 1795, le premier juillet, à cinq heures du matin. Une marchande de la halle, qui s'aperçut que je m'enrouais à force de chanter contre l'agiotage, me dit en style énergique, qu'un chanteur sans violon sonnait comme un pot cassé. J'avais fait ma journée, et j'allai compter ma recette dans un petit cabaret borgne, où je trouvai des gens attablés, qui me donnèrent un gros morceau de pain!.... Dans ce moment de disette, ce fut pour moi un gros morceau d'or: je donnai en retour quelques cahiers de chansons.

A six heures et demie, je m'en retournai chez moi, persuadé qu'en me retirant tous les jours à la même heure je ne serais reconnu de personne, le jour ne venant ordinairement qu'à dix heures du matin chez les gens du bon ton; mais la faim, qui chasse le loup du bois, réveilloit alors tout le monde avant l'aurore, et je me trouvai caché au milieu des halles, comme la perdrix qui met sa tête sous l'aile pour se dérober au chasseur.

A dix heures j'allai à mon ordinaire rédiger la séance de la Convention, pour les Annales patriotiques et littéraires. En revenant je trouvai au coin de la place Dauphine un opérateur (le marchand de vulnéraire suisse) entouré de toute sa musique, qui, suivant l'argot du métier, *postigeait à faire quimper le trepe*, s'arrêtait, et faisait jouer pour attirer les passants.

L'observation de la dame de la halle m'avait frappé. J'avais besoin de musique. Je parlai à l'oreille d'un membre de l'orchestre du marchand de vulnéraire. Convention faite à partage égal, nous nous donnons rendez-vous, pour le lendemain à cinq heures du matin, dans un petit cabaret de la rue du Puits, près des halles. Comme l'opérateur ne sortait de chez lui qu'à sept heures du matin, son musicien trouvait son compte à nous servir tous deux. Nous nous attablons; un verre de cassie met de la colophane à l'archet et dérouille le gosier: nous répétons notre cahier, et nous allons *posticher*. J'étais plus hardi; le *trepe quimpe*, et à six heures et demie nous avons fait quatre cents francs.

Nous allons compter notre recette, et déjeûner à un petit cabaret; c'était la galerie de mon musicien et le rendez-vous des autres chanteurs. Je payai mon entrée. Bientôt les accords discordants des chanteurs et chanteuses font une cacophonie risible. Les savants composent en un clin d'œil de la prose, et des vers outre mesure. Les censeurs et les admirateurs sont des commères du marché aux poirées, qui viennent avec leurs amoureux affublés d'un large chapeau blanc et la pipe en gueule, juger l'impromptu fait à coup de verres. Comme je figure dans cette tabagie, au milieu d'un nuage de fumée, les coudes appuyés sur une table couverte d'une serpillière humide, grise, rouge, brune et violette!

L'homme qui se trouve là dans sa sphère, gagnant de l'argent sans beaucoup de peine, le dépense de même, et ne compte jamais pour l'avenir.

Ici, commence la démarcation entre l'être oisif et taré, et l'honnête indigent qui s'accroche à une branche, se secoue sur le rivage au milieu des nageurs, et sait faire de nécessité vertu.

Une jolie femme disait un jour à une dévote qui répondait de sa vertu, que l'amour était par-tout le même et qu'il n'y a que manière de le faire. Que d'actions sont susceptibles du même proverbe!

Quand je commençai à paraître en public, j'avais contre moi-même le préjugé que je reconnaissais aux autres; et ce préjugé était une mauvaise honte qui me faisait rougir de ma profession. En m'interrogeant par ma détresse, je me répondais que cet acte de courage était louable, puis tout à coup je me rendais aux clameurs du préjugé: cette dispute de moi-même contre moi-même ne dura pas long-temps: l'accueil et la bienveillance du public m'auraient presque fait tomber dans un autre excès. Je prie le lecteur de faire attention à cet instant. Il est décisif, et tous les hommes se trouvent plus ou moins souvent dans la même passe. De la coupe de cette jointure des circonstances dépend toujours la prétendue fatalité de malheur ou de bonheur attachée à nos pas ou plutôt à nos déterminations: ce moment est aussi prompt qu'un éclair.

En chantant sur les places, je me trouvai associé à la plupart des gens sans état et sans considération; le public, qui devina les motifs qui m'avaient réduit là, vint me voir avec autant de curiosité que d'intérêt et de plaisir. L'argent ne me manqua plus: je faisais jusqu'à cinquante francs de recette par jour. En 1796, moment où le numéraire ne commençait qu'à reparaître, je nageais dans l'abondance au milieu de la disette. Cette abondance me donna le goût du plaisir et de la dissipation. On ne se doute pas des rencontres que trouve un acteur et un chanteur; sa physionomie, que tout le monde regarde sans contrainte, s'imprime plus ou moins dans la mémoire et dans le cœur de ceux qui l'entourent. De là ces prévenances, ces visites, ces avances qu'on lui fait sans conséquence et sans crainte. S'il assaisonne ses vaudevilles de quelques lazzis ou quolibets, la petite fille qui ne désire qu'un amant entreprenant les prend pour elle, et le chanteur remplace l'amant timide qui se gêne en sa présence.

Deux hommes aimables se présentent dans un cercle; l'un est libre, l'autre a fait un choix; le premier sera assidu et galant auprès de toutes les femmes, le second sera poli; le premier aura dix maîtresses sans y songer, sans excepter même celle de son ami. La vanité │ XII │ de plaire est souvent plus puissante que l'amour, elle se prend pour lui: plus un homme est exposé aux regards, s'il est goûté du public ou de la société, plus on s'oublie pour lui faire des avances. On ne rougit même pas d'acheter ses faveurs.

Les marchands de la place Saint-Germain-l'Auxerrois, où j'avais établi mon théâtre ambulant, m'ont vu plus d'une fois refuser différents cadeaux; les commissionnaires insister, au point qu'un jour je remis sur la borne trois paires de bas de soie qu'on venait de me présenter en plein jour. Et je ne me rappelle jamais sans rire la ruse d'une jeune femme qui, se trouvant un jour à mon cercle avec son vieux mari, vint le lendemain chez moi me gronder de l'avoir regardée en public, et pour appuyer sa plainte, me montrer une contusion qu'il lui avait faite au cou, en la menaçant du divorce si jamais elle revenait m'entendre: je la voyais pour la première fois. Un jour, au sortir de plaider ma cause pour mes chansons, je fus accosté par une autre qui me pria de lui montrer la musique.—Madame, je ne la sais pas.—N'importe, dit-elle, mon mari est vieux et aveugle, nous lui ferons compagnie, et vous serez musicien.—Mais, madame, on le préviendra.—Je me charge de tout.—Je vous tromperais, madame, j'ai une amie.—Et moi un mari. Ainsi l'amour ou le caprice sautent à pieds joints sur toutes les bienséances; et les femmes sont plus entêtées que nous dans leurs résolutions, et plus habiles à en venir à leurs fins. Ce vertige passé il ne reste pas une étincelle d'amour, et l'homme est souvent dupe de l'illusion.

Je ne connais pas de moyens plus dangereux que ces chances de bonne fortune pour plonger l'homme dans l'oubli de son être, de son état, de son cœig;ur et de ses facultés morales et physiques. Les anciens nous ont dépeint cette vérité dans la fable de Circé: tous les chanteurs, comme les compagnons d'Ulysse, sont entourés de femmes plus ou moins dignes de respect, qui les plongent dans l'ivrognerie, l'oisiveté et la stupeur: les libéralités de ces femmes font perdre à leurs amants cette délicatesse qui distingue l'honnête homme en amour du traitant déhonté: souvent elles volent ce qu'elles donnent au favori receleur, et le tout se termine quelquefois par une association qui finit d'une manière aussi honteuse que déplorable.

Sous ce point de vue, mon préjugé contre moi-même était raisonnable de ma part comme de celle du public; mais ma conduite me permet d'avouer que j'ai été chanteur sans que personne ait à rougir de me donner cette qualification. Si j'ai vaincu le préjugé et la mauvaise honte, je ne l'ai pas déraciné dans tous les esprits; car l'épithète de chanteur m'a fait juger incapable d'occuper certaines places, et j'ai admiré plus d'une fois l'inconséquence de certaines gens qui, me trouvant propre à tout autre emploi, m'éliminaient directement parce que je professais celui-là: c'était me dire de n'en prendre aucun ou d'en choisir un moins honnête, et de le faire adroitement. Le monde est plein de ces donneurs de conseils qui vous trouvent du mérite pour tous les emplois dont ils ne disposent pas, et l'eau bénite de cour se répand par-tout.

Du reste, mes malheurs et l'estime publique sont ma meilleure réponse contre le préjugé attaché à la profession de chanteur. C'est dans cet état, comme dans les prisons, que j'ai appris ce qu'il en coûte pour être honnête homme. Si l'appât de l'or eût pu me séduire, je serais riche et considéré; mais j'aurais perdu le seul titre qui me console dans ma médiocrité. J'ai lutté dix ans contre l'adversité; la fortune qui m'a trouvé inébranlable à mon départ comme à mon retour, m'a conduit au port lorsque je me préparais encore à une tourmente. On m'a demandé les vaudevilles qui me firent voir les bords de la Guyane. Comme on rit du mal passé et que le voyageur, dans un temps calme, revoit avec plaisir les lieux affligés par l'orage, ce petit mémorial, que personne ne sera tenté de rédiger à aussi cher gage que moi, nous paraît aujourd'hui dans le calme du réveil un songe affreux dont le souvenir nous plaît et nous corrigerait pour l'avenir.

Je composerai ce recueil,

1° Des vaudevilles faits avant mon départ;

2° Des romances et des loisirs de mon exil;

3° Des chansons érotiques et critiques des anciens et des modernes;

4° D'un choix de pièces analogues au temps et aux mœurs;

5° D'un tableau général et varié de prose et de vers pour tous les goûts.

———————

LE CHANTEUR
PARISIEN.

LE PRÉJUGÉ VAINCU.

Air: *Avec les jeux dans le village.*

L'amour inventa l'art de plaire,
Celui de peindre et de chanter.
Daphnis, auprès de sa bergère,
Chanta le premier l'art d'aimer.
Homère, après lui dans la Grèce
Chantant ses vers harmonieux,
Sut apprivoiser la rudesse
De ce peuple de demi-dieux.

Des tyrans les projets superbes
Ont tout mis en combustion;
Soudain je vois relever Thèbes,
Par les doux accords d'Amphion.
En Thrace le sensible Orphée
Chante l'amour et ses malheurs;
Sa lyre lui fraye une entrée
Dans le sombre manoir des pleurs.

Le sort, qui d'un cardeur de laine
Avait fait un législateur,
Me donna la force et l'haleine,
Et le talent d'être chanteur.
Modeste au lit tout comme à table,
Je ne cherche point le haut bout,
Croyant qu'il faut pour être aimable
Rester plus couché que debout.

LES MANDATS DE CYTHÈRE.

Au mois de mai 1796, on donna au théâtre de la Cité les Mandats de Cythère. Je fis les couplets suivants qui me firent condamner à une amende de 1000 liv. en mandats, somme que j'acquittai pour 2 liv, 10 s. en argent, au mois de septembre de la même année.

Air: *Un jour la petite Lisette.*

En France, en Europe, à Cythère,
On veut fabriquer des mandats.
L'amour, en prenant ses ébats,
Disait l'autre jour à sa mère.
Prendront-ils, ne prendront-ils pas?
C'est ce que nous ne savons pas.

A l'entreprise je préside,
Dit Vénus montrant ses états;
J'hypothèquerai nos mandats
Sur le double monde de Guide.
Prendront-ils, ne prendront-ils pas?
Oh, ma foi, nous n'en doutons pas.

Deux beaux yeux, une belle bouche,
Deux globes taillés pour l'amour;
L'Élysée ou le dieu du jour
N'entre que quand Priape y couche,
Sont les secrets de nos états
Pour hypothéquer nos mandats.

Si les législateurs de France
Avaient d'aussi jolis états,
Ils seraient moins dans l'embarras
Pour débrouiller notre finance:
Car chez nous toujours les mandats
Sont au pair avec les ducats.

Dans notre aimable république
On bénit le contrefacteur,
Et sur le front du délateur
Croissent les cornes du tropique.
En tous temps nos jolis mandats
Sont au pair avec les ducats.

L'amour voyant venir Glycère,
Pour échanger ses assignats,
Lui donne un rouleau de mandats
Qu'il avait reçus de sa mère.
La friponne disait tout bas....
Que ce rouleau vaut de ducats!

Une vieille en perruque blonde,
Dont le temps ride les appas,
Veut captiver le beau Lucas
Et renaître dans le grand monde.

Pour certain rouleau de mandats,
Elle offrira mille ducats.

Un vieux Mondor de l'assemblée
De Lise veut voir les états;
Il offre un rouleau de mandats,
Timbré par une planche usée;
Mais Lise lui dit: vos mandats
Perdent, cent contre mes ducats.

Les mandats étaient un papier-monnaie, décrété en avril 1796, en remplacement des assignats. En août il perdait autant que l'assignat, c'est-à-dire, neuf mille neuf cent quatre-vingt-dix-huit trois quarts pour cent.... Ce qui les fit appeler, dans le temps, enfants mort-nés.

LES PATENTES.

Ce vaudeville, composé au mois d'octobre 1796, a été une des causes principales de ma déportation. Comme il m'arrivait de porter souvent ma main à ma poche, on prétendit que je faisais des gestes indécents et contre-révolutionnaires, délit prévu par la loi du 27 germinal, emportant peine de mort. L'application m'en fut réellement faite le premier novembre 1797. La peine de mort fut commuée en déportation perpétuelle, et, le 8 septembre 1803, je reçus ma grace et ma liberté de sa majesté l'Empereur et Roi.

Air: *Un jour Guillot trouva Lisette.*

Républicains, aristocrates,
Terroristes, buveurs de sang,
Vous serez parfaits démocrates,
Si vous nous comptez votre argent.
Et comme la crise est urgente,
Il faut vous conformer au temps,
Et prendre tous une patente,
Pour devenir honnêtes gens.

Mon dieu, que la patrie est chère
A qui la porte au fond du cœur!
Tous les états sont à l'enchère,
Hors celui de législateur.
La raison en est évidente,
C'est qu'aucun des représentants
Ne pourrait payer la patente
Qu'il doit à tous ses commettants.

Un jacobin, nommé Scrupule,
En s'approchant du receveur,
Retourne sa poche et spécule,
Qu'il n'a plus rien que son honneur.
Oh! que cela ne te tourmente,
Dit le receveur avisé,
Ton dos a le droit de patente,
Commerce donc en liberté.

Une vierge du haut parage,
Imposée à quatre cents francs,
Dit en descendant d'équipage,
Bon dieu! vous moquez-vous des gens?
Mais, monsieur, je vis d'industrie;
Le financier, le directeur,
Vous diront que pour ma patrie
J'ai vendu jusqu'à mon honneur.

Un gros procureur, honnête homme,
Cousin de tous les fins Normands,
Murmure de payer tout comme
Les malheureux honnêtes gens.
 Oh! cette injustice est criante,
On se pendrait d'un pareil coup!
Faire payer une patente
A ce grand maître grippe-sou.

Sous ce déguisement cynique,
Remets-tu ce fameux voleur?
Fournisseur de la république,
Autrefois simple décrotteur.
Depuis qu'on parle de patentes,
Monsieur dit qu'il n'a plus d'états,
Que la république indulgente
Le classe parmi les forçats.

Combien paierai-je de patente,
Dit certain faiseur de journal?
Si tu devais un sou de rente
A tous ceux dont tu dis du mal,
Je crois bien qu'au bout de l'année,
Sans compter tous tes revenus,
Ta dette serait augmentée
De trois ou quatre mille écus.

Un vieux médecin se présente,
Hé quoi! dit un des assistants,
Peut-on payer une patente
Pour avoir droit de tuer les gens?
Non, dit un auteur dramatique,
Il vaut bien mieux les égayer;
Et mais, répond certain critique,
Nous vous payons bien pour bâiller.

En fredonnant un air gothique,
Arrive un chanteur écloppé.
Si pour chanter la république
Il faut que je sois patenté,
Je ferai, dit-il, sans contrainte,
Cette offrande à la liberté,
Si désormais je puis sans crainte
Chanter par-tout la vérité.

LES CONTRADICTIONS.

Air: *Pour attendrir Junon rebelle* (d'Anacréon chez Polycrate.)

Ah! qu'on a bien raison de dire
Qu'amour est un étrange enfant;
Plus il nous cause de martyre,
Et plus il nous paraît charmant.
Dans son inconcevable empire,
Tout comme en révolution,
Chacun de nous veut se conduire
Toujours par contradiction.

Quand Fanchette fut moins cruelle
Je songeais à peine à l'aimer;
Aujourd'hui qu'elle est infidèle,
Fanchette a tout pour me charmer.
 Et dans mon aveugle délire,
Tout comme en révolution,
Fanchette, tu vas me conduire
Toujours par contradiction.

On se recherche, l'on s'évite,
On s'ennuie de résister;
Pour être pris, l'un court moins vîte;
L'autre aussitôt va s'arrêter.
A Cythère on fait comme en France,

Pour l'amour ou pour la raison,
Quand l'un recule, l'autre avance,
Toujours par contradiction.

Aux pieds de la reine de Gnide,
Tous les dieux se sont réunis;
Elle vole où son cœur la guide,
Et c'est dans les bras d'Adonis.
De ce choix qu'elle vient de faire,
L'amour murmure avec raison;
Mais en France, comme à Cythère,
Tout va par contradiction.

Quand Lucas aime sa voisine,
Avec sa peau de maroquin[2],
Pluton épouse Proserpine,
Et Vénus épouse Vulcain;
 Mais dans leur aveugle délire,
Tout comme en révolution,
Les objets peuvent les séduire,
Toujours par contradiction.

Quand nous pourrons couper les ailes
De ce petit fripon d'amour,
Nos dames seront plus fidèles,
Et nous les paierons de retour;
Quand les trois pouvoirs en cadence
Peuvent chanter à l'unisson,
Nous voyons que tout dans la France;
Marche sans contradiction.

LES COLLETS NOIRS.

Je composai ce vaudeville au mois de juillet 1797, au moment où l'on se faisait la guerre à Paris pour un ruban, un collet rouge ou noir; pour des souliers pointus ou carrés, et sur-tout pour les nattes. J. J. Rousseau, en écrivant sa lettre contre la musique française, dit que la querelle qui s'anima au sujet de cette futilité fut si grande, qu'on oublia de grands intérêts et des démêlés plus sérieux pour celui-là. Pour moi, je voulais voir les deux partis s'amuser de leurs ridicules, et on m'arrêta lorsque je chantai cette chanson pour la quatrième fois.

Air: *Il y a cinquante ans et plus* (de la Caverne).

Faut-il pour un collet noir,
Pour une perruque blonde,

Pour une toque, un mouchoir,
Bouleverser tout le monde.
Les frondeurs de cette mode,
Comme moi dans un boudoir,
N'ont rien vu de plus commode,
Qu'un collet bordé de noir.

Dans l'olympe radieux,
Quand Vénus sortant de l'onde,
Fut admise au rang des dieux
On dira qu'elle était blonde.
Pour lui donner l'art de plaire,
L'amour fit apercevoir,
Près du temple du mystère,
Son collet bordé de noir.

A la mère de l'amour
Chaque dieu fit son offrande;
Mais Mars eut, avant son tour,
Le premier droit de prébende.
 Oh! ma plus belle parure,
Lui dit-elle, c'est d'avoir
Au-dessous de ma ceinture,
Ton collet bordé de noir.

D'un déchireur de collet,
Pour punir l'audace extrême,
L'amour juge du méfait,
Sut s'en venger par lui-même.
Le galant, par aventure,
Chez Thisbé montant le soir,
Trouve au bas de sa ceinture,
Collet rouge, et blanc, et noir.

Si d'un pantalon crasseux,
D'une robe rouge ou grise,
Aristide est amoureux,
Qu'il se vêtisse à sa guise;
Si le bonnet et la pique
Peuvent flatter son espoir,
Qu'il les prenne sans réplique,
Moi je veux un collet noir.

On peut, sans être malin,
Vous dire avec assurance
Que c'est l'habit d'Arlequin

Qui sied le mieux à la France.
Car le démon de la mode,
Chez nous du matin au soir,
Fait, défait et raccommode,
Collet rouge, et blanc et noir.

LE PÈRE HILARION

AUX FRANÇAIS.

Fait au premier janvier 1797.

Parallèle des abus du cloître avec les abus de 1793, 94, 95 et 96.

Air: *A moins que dans ce monastère.*

Peuple français, peuple de frères,
Souffrez que père Hilarion,
Turlupiné dans vos parterres,
Vous fasse ici sa motion (*bis.*)
Il vient sans fiel et sans critique,
Et sans fanatiques desseins,
Comparer tous les capucins
Aux frères de la république.

Nous renonçons à la richesse
Par la loi de notre couvent,
Votre code, plein de sagesse,
Vous en fait faire tout autant.
Comme dans l'ordre séraphique,
Ne faut-il pas, en vérité,
Faire le vœu de pauvreté,
Pour vivre dans la république.

On nous défend luxe et parure,
Et vos frères les jacobins
Avaient la crasseuse figure
De nos plus sales capucins.
Notre chaussure est sympathique;
Souvent sans bas et sans souliers,
On voit par-tout des va-nu-pieds,
Capucins de la république.

Tout comme dans nos monastères,
Vous aviez vos frères quêteurs,

C'étaient vos braves commissaires
Et vos benins réquisiteurs.
Par leur douceur évangélique
Et par leur sainte humanité,
Comme ils faisaient la charité
Aux pauvres de la république!

On nous ordonne l'abstinence,
Dedans notre institut pieux:
N'observait-on pas dans la France
Le jeûne le plus rigoureux?
Dans votre carême civique[3],
Vous surpassiez le capucin;
En vivant d'une once de pain,
Vous jeûniez pour la république.

Par un vieux règlement d'usage
Nous faisons vœu de chasteté;
 Le sacrement de mariage
Par vos frères est rejeté[4].
Dans cette gaillarde pratique,
Qu'il est beau de voir à présent,
Pour une femme seulement,
Vingt filles de la république!

Nous avons notre discipline,
Instrument de punition.
Vous avez votre guillotine,
Fraternelle correction.
Ce châtiment patriotique
Est bien sûr de tous ses effet
Il n'en faut qu'un coup pour jamais
Ne manquer à la république.

Demandant toujours des réformes,
Vous avez fait tout réformer;
De toutes vos nouvelles formes,
Quand je vous entends murmurer,
Je vous dis, trève de critique,
Puisque vous l'avez fait créer,
Il faut bien vous accoutumer,
A supporter la république.

Rien ne vous plaît, tout vous ennuie,
Vous voulez toujours innover;
En abhorrant la monarchie,

Vous ne pourrez vous en passer.
Pour jouer nos capucinades,
Notre cloître était excellent;
Faudrait qu'il fût cent fois plus grand,
Pour jouer vos arlequinades.

Agréez, mes chers camarades,
Le salut de l'égalité,
Et recevez mes accolades,
En signe de fraternité;
Mais respectez ma barbe antique,
Lorsque je viens vous embrasser,
Et ne la faites point passer
Au rasoir de la république.

LA CHARENTE.

Ce vaudeville poissard est la relation fidèle du combat que nous soutînmes depuis minuit jusqu'à six heures du matin, le 21 mars 1797, sur la frégate la Charente, qui sortit de la rade de Rochefort dans la nuit du 20 mars, pour nous déporter à Cayenne. Le lendemain, en avançant en haute mer, nous vîmes à notre poursuite trois bâtiments anglais, le Vieux Canada, de 74 canons, escorté des frégates la Pomone et la Flore, toutes deux de 42 pièces. Toute la journée nous tentâmes de gagner les côtes de Médoc; mais la Flore nous rasait la terre: la Pomone gagnait au large, et le Vieux Canada fermait la marche. Dans la journée on jeta à la mer toute la cargaison et une partie de nos effets pour délester le bâtiment. La nuit vint, et nous nous perdîmes de vue; à minuit la lune nous trahit et nous nous trouvâmes près de l'écueil du phare Cordouan. Les Anglais nous débouquèrent; la marée montait; le combat s'engagea. On délesta de nouveau le bâtiment, qui, démâté par le canon, le gouvernail brisé, nous fit échouer sur les ruines de l'ancienne ville des Olives, près la rade de Royan, à dix-huit lieues de Bordeaux.

Air: *Stuila qu'a pincé Berg-op-Zoom.*

Ventrebleu qu'il est donc brutal,(*bis.*)
Ce carillon de germinal;
J'crayons ma foi que c'te Charente,
Au diable f.... l'épouvante.

Voyant ces trois châtiaux flottants,
J'avions largué la voile aux vents;
Avec tout nout échapatoire,
Fallut nous casser la mâchoire.

Par là corbleu, monsieu Breuillac,
N'est ma foi point un monsieu d'Crac,
C'est f.... ben un pinc' sans rire,
Que malgré lui l'Anglais admire.

Not maison quand brutal ronflait,
Sur le rocher se reposait.
J'avions un pied dans l'onde noire,
Et plus qu'nout saoul j'ons failli boire.

Au milieu de tout c't'embarras,
Le grand marin qu'je n'voyons pas,
Qui ben mieux qu'nous connaît l'parage,
A lui seul sauva l'équipage.

LES LUNETTES

ET LA NOUVELLE BÉQUILLE.

Air: *De la béquille.*

Tous nos messieurs du jour,
Pour lorgner les brunettes,
Font porter à l'amour
Cent sortes de lunettes;
Mais fillette gentille
Bien mieux s'amusera,
D'une grosse béquille
Du père Barnaba.

Hortense est dans son lit,
Hortense est bien malade;
N'amenez point ici
D'Hippocrate maussade.
De cette jeune fille
Le bobo guérira
Par un coup de béquille
Du père Barnaba.

Hélas! depuis long-temps
Comme tout change en France!
Dès nos plus jeunes ans
Le malheur nous devance;
Garçon et jeune fille,
En sortant du berceau,

Prennent tous la béquille
Pour aller au tombeau.

C'est en se chamaillant
Pour la chose publique,
Qu'on fit clopin clopan,
Boiter la république.
Moins leste que nos filles,
La jeune liberté
Court avec des béquilles
A la caducité.

Pour réconcilier
Tous les aristocrates,
Il faut les marier
Avec les démocrates.
A la grande famille
Tout se réunira,
Par un coup de béquille
Du père Barnaba.

LE COUP DU LOUP.

Vaudeville-proverbe, composé en brumaire, octobre 1799.

Air: *Lise voyait deux pigeons se becquer.*

Vous qui n'aimez que les dons de Plutus,
Le bruit de Mars, les myrtes de Vénus,
Votre bonheur est sur l'aile d'Eole;
Le char se brise et tombe tout à coup;
Appliquez-vous ce proverbe d'école,
Y n'faut qu'un coup
Pour assommer un loup.

J'ai vu le loup, disait la jeune Iris,
Il m'a pris hier mes deux jolis cabrits;
Pour m'en venger, je tiens cette houlette;
C'était le bien du beau berger Pâris.
Pâris lui dit, la jetant sur l'herbette,
N'en faut qu'un coup
Pour assommer le loup.

Par intérêt, ou pour tout autre cas,
Sa vieille mère avait suivi ses pas;
En la voyant tomber sous la coudrette,

Bon dieu, bon dieu, qu'elle fit de fracas!
Elle disait à la pauvre fillette:
Voilà le coup
Pour assommer le loup.

Par son voisin, Guyot voit ses enfants;
Mais au voisin ils sont très ressemblants.
Un vieil ami que Laure répudie,
Rend du mari les yeux trop clairvoyants:
Au bois d'amour quand naît la jalousie,
I' n'faut qu'un coup
Pour assommer un loup.

Guyot annonce un voyage important:
Laure a déjà prévenu son amant.
Madame, il faut voyager à ma place,
Lui dit l'époux au beau milieu du champ;
Guyot revient, Laure fait la grimace.
I' n'faut qu'un coup
Pour assommer un loup.

Pour mieux tromper les yeux de ses voisins,
Pour enchaîner leurs caquets assassins,
A son amant Laure avait, par prudence,
Fait fabriquer un bon passe-partout.
Guyot absent, il venait en silence.
I' n'faut qu'un coup
Pour assommer un loup.

Sur le minuit il entra doucement;
Le gars savait toiser l'appartement:
En tâtonnant sur le lit de la dame,
Il le pressait.... Guyot dit tout à coup:
Réservez donc vos baisers pour ma femme.
I' n'faut qu'un coup
Pour assommer un loup.

LES INCROYABLES,
LES INCONCEVABLES,
ET LES MERVEILLEUSES.

Tableau des aimables du jour, et du costume des plus élégants de la révolution de 1796 et 1797.

Air: *Dans nos bois, dans nos campagnes.*

Tout est incroyable en France
Dans la révolution:
La sagesse est la démence,
La folie est la raison.
Faisant la guerre aux coutumes
Pour rappeler les vertus,
Sous d'incroyables costumes,
Se vois rentrer les abus.

Nous n'avons plus de comtesses,
Nous n'avons plus de barons;
Nos merveilleuses déesses
Leur ont pris leurs phaétons:
Et Margot dans l'équipage
Vient d'oublier son talent;
Se voyant dans l'apanage,
Ne connaît plus ses parents.

Son incroyable Narcisse
Lui dit du haut de son char:
Vénus, ou que je périsse!
A moins de graces et moins d'art.
Pa'ol' d'honneur, dit-elle,
Sous ce costume élégant,
Je voudrais être aussi belle
Que vous paraissez galant.

La merveilleuse à l'incroyable.

En vous tout est incroyable,
De la tête jusqu'aux pieds;
Chapeau de forme effroyable,
Gros pieds dans petits souliers;
Si pour se mettre à la mode
Gargantua venait ici,
Rien ne serait plus commode
Que d'emprunter votre habit.

Botté tout comme un saint George,
Culotté comme un Malbrouk,
Gilet croisant sur la gorge,
Épinglette d'or au cou;
 Trois merveilleuses cravattes
Ont bloqué votre menton,
Et la pointe de vos nattes
Fait cornes sur votre front.

Je vois un autre incroyable
Chaussé comme une catin,
A la belle inconcevable
Présenter sa blanche main;
Cette incroyable coiffure
A, dit-elle, tant d'appas,
Qu'en voyant votre figure
Je ne vous remettais pas.

De vos boucles de culottes
Ménageant les ardillons,
Nous déborderons nos cottes,
Pour vous faire des cordons;
Mais venez en diligence,
O merveilleux chevaliers!
Chez nous par reconnaissance
Chercher chaussure à vos pieds.

Réponse des incroyables aux merveilleuses.

O charmante merveilleuse!
Mère du divin amour,
De votre taille amoureuse
Rien ne gêne le contour;
De votre robe à coulisse
Les plis sont très peu serrés;
C'est pour faire un sacrifice
Que vos bras sont retroussés.

Vous avez déjà l'étole
Des prêtresses de Vénus,
Et je vois à votre école
Un essaim de parvenus:
Cythérée à sa toilette,
Voulant enchaîner l'espoir,
Tous cèderait son aigrette
Pour votre immense mouchoir.

De votre robe traînante
Quand les replis ondulants
Avaient interdit l'attente
A nos désirs renaissants,
Je vois votre main légère,
Conduite par les amours,
De l'asile du mystère.
Nous découvrir les détours.

Talons à la cavalière,
Boucles et souliers brodés,
Bottines à l'écuyère,
Ou bas à coins rapportés;
Ridiculement mondaines
Dans tous vos ajustements,
Des reines et des Romaines
Vous quêtez les agréments.

Mais vos perruques frisées
Tout comme un poil de barbet
Ne sont donc plus couronnées
Par des chapeaux à plumet;
 Et vos toques prolongées
Disent aux maris françois,
Que leurs femmes corrigées
Portent la moitié du bois.

Mais ces autres dédaigneuses
Ont un bonnet plus galant;
Leurs têtes impérieuses
Sont un vrai moulin à vent:
Celles-ci plus souveraines
Vous disent éloquemment,
En France nous sommes reines,
Et nous portons un turban.

REGRETS DE DAVID

A LA MORT DE BETHSABÉE.

David, surnommé le prophète-roi, était le plus jeune des fils d'Isaïe, bethléémite, et, suivant certaines versions, le moins aimé de son père, qui l'avait relégué dans la campagne pour garder ses troupeaux. Dieu le tira de ce néant pour le placer sur le trône d'Israël. David, au milieu de la prospérité, oublia une si grande faveur. Dans un moment d'oisiveté, en se promenant, il vit au bain Bethsabée femme d'Urie, un des capitaines de ses troupes. Urie était absent pour le service de son prince. David s'enflamma pour Bethsabée, qui devint enceinte en l'absence de son mari. Le roi rappela Urie pour que son adultère ne fût point connu; mais ce guerrier se rendit au palais du roi sans vouloir rentrer chez lui, et répondit à David qui l'y engageait: Comment ne jeûnerais-je pas et rentrerais-je dans ma maison, quand l'arche du seigneur couche dans les camps et qu'elle est peut-être au pouvoir des infidèles?.... Le roi, loin d'être touché de ces paroles, fit marcher Urie dans un défilé, d'où, il ne put échapper à la mort. Bethsabée épousa David, donna le jour à Salomon, et mourut subitement à la fleur de son âge, au moment où David l'idolâtrait....

L'auteur de ce chef-d'œuvre peint David debout, les bras étendus sur les tristes restes de son amante, dont le visage à découvert dans le cercueil, en lui laissant le souvenir de ses charmes, lui rappelle son ingratitude envers Dieu et son crime envers Urie. David, en proie à l'amour, au remords, à la reconnaissance, cède tour à tour à sa passion, à son désespoir et à son repentir. Cette héroïde arrachait des larmes aux sauvages de la Guyane, quand nous la chantions sur les bords de la mer: l'écho des forêts et des montagnes lui donnait quelque chose de mélodieux, et les cultivateurs quittaient leurs travaux pour nous écouter. Je me croirais poëte si j'eusse fait ces couplets.

Je suis puni, je perds ce que j'adore,
Ce cher auteur de mes forfaits.
C'est malgré moi que je t'offense encore,
Seigneur, par mes tristes regrets.
Mon cœur est déchiré sans cesse
Par le remords et le désir.
Ah! j'en mourrais de repentir
Si je n'expirais de tendresse.(*bis.*)

De mon amour, déplorable victime,
Je n'ai long-temps fait que gémir.
J'ai succombé, j'ai vécu dans le crime....
Tu ne pouvais mieux m'en punir....
Grand Dieu! ta puissance suprême
N'a plus de coups à me porter.
On n'a plus rien à redouter
Quand on a perdu ce qu'on aime. (*bis.*)

Elle n'est plus; la mort impitoyable
A moissonné ses jeunes ans;
Et c'est du fond d'un sépulcre effroyable
Qu'elle ravit encor mes sens.
En t'implorant mon cœur t'outrage,

Seigneur; mes vœux sont criminels,
Puisque j'apporte à tes autels
Un cœur rempli de son image.

Si je l'aimai cette amante adorable,
Si j'oubliai tant de bienfaits,
C'est toi, mon Dieu, qui me rendis coupable
En la formant de tes attraits.
A mes devoirs toujours fidèle,
Et toujours soumis à ta loi,
Hélas! je n'eusse aimé que toi,
Si je n'avais brûlé pour elle.

LE DÉPORTÉ

DANS LA GUYANE FRANÇAISE.

Romance composée à la Franchise, en frimaire an huitième (24 novembre 1799).

Air de l'opéra de Tom-Jones; *Vous voulez que je vous oublie.*

Reprise. O ma maîtresse! ô ma patrie!
Oui, je chéris jusqu'à vos coups.
Vos arrêts font le destin de ma vie;
Vous m'exilez quand je brûle pour vous....

Déporté dans le nouveau monde,
Un troubadour, au bord de l'onde,
Soupirait ainsi ses revers!
Sombres forêts, affreux rivage,
Faut-il qu'au printemps de mon âge
J'expire ici chargé de fers?....

O ma maîtresse! ô ma patrie! etc.

Oh! je ne suis pourtant coupable
Que d'aimer un objet aimable,
Et de soupirer pour un roi;
Trop fier de ce vertueux crime,
De l'amour sensible victime,
J'expire en adorant ta loi.

O ma maîtresse! ô ma patrie! etc.

Dès que l'orient se colore,
Je dis à la naissante aurore:
Mêle tes larmes à mes pleurs;

Mais conserve pour ma patrie,
Et pour l'ingrate qui m'oublie,
Tes dons et tes riches couleurs.

O ma maîtresse! ô ma patrie! etc.

Quand de cette zone torride
Mon pied foule le sable aride,
Je porte la main sur mon cœur.
Zulma, pour toi comme il palpite!
Vers toi comme il se précipite,
Beau climat où naît le bonheur!....

O ma maîtresse! ô ma patrie! etc.

Le nouveau siècle qui commence
Rendra l'âge d'or à la France;
Sur les lis l'aigle volera.
Soit qu'ici je végète encore,
Ou soit qu'un tigre m'y dévore,
Ma langue en se glaçant dira:

O ma maîtresse! ô ma patrie! etc.

O Dieu! je reverrais la France!
Je jouirais de ta présence!
Zulma! tu m'as ravi ton cœur!....
Non.... Laissez-moi sur cette rive,
Et qu'en mourant, ma voix plaintive
Nomme Zulma pour mon malheur.

O ma maîtresse! ô ma patrie!
Oui, je chéris jusqu'à vos coups:
Vos arrêts font le destin de ma vie;
Vous m'exilez quand je brûle pour vous.

Un de nos compagnons d'exil fut déporté, en 1797, pour avoir ramené en France, dans sa famille, une jeune émigrée comme lui dont il venait demander la main. Pendant que nous étions dans la Guyane, il apprit qu'elle avait épousé un autre jeune homme qui lui avait fait obtenir sa radiation: il en mourut de douleur. C'est le sujet de cette romance.

LE TOMBEAU D'ISMÈNE.

Un jeune homme dont les parents avaient éprouvé de grands revers parvint, par amour et par séduction, à obtenir les faveurs d'Ismène d'Orv.... que ses parents lui destinaient, avant que la fortune eût allumé entre les deux maisons une haine irréconciliable. Ismène d'Orv.... devint enceinte. Cette nouvelle éclata un jour au milieu d'une fête que toute la famille donnait au grand-papa. M. d'Orv...., plaint par les gens sensés, et ridiculisé par les jeunes étourdis, concentra sa colère durant le repas: mais le soir, en rentrant chez sa fille, il la traîne aux cheveux, lui donne des coups de pied dans le ventre, et assassine la mère et l'enfant, qui moururent au bout de huit jours. Le premier auteur de cette catastrophe était un de nos compagnons d'exil. L'amour et la douleur le traînèrent au sanctuaire. Il me demanda les couplets suivants; me permit de les publier, et me pria de taire son nom par égard pour la famille de son amie, dont le chef expie sa faute dans un deuil éternel.

Air de la nouvelle Clémentine: *Une jeune bergère, les yeux baignés de pleurs.*

J'ai perdu mon Ismène,
J'ai perdu mon bonheur;
Échos, forêts, fontaines,
Répétez ma douleur.
Pour moi, belle nature,
Tes dons sont superflus;
Dépouille-toi de ta verdure,
Mon Ismène n'est plus.

Claire et pure fontaine,
Sur tes bords enchanteurs,
Chaque jour, pour Ismène,
Tu t'émaillais de fleurs;
Je vais grossir ton onde
De mes pleurs superflus;
Je reste isolé dans le monde,
Mon Ismène n'est plus!

Si l'or me rend Ismène[5],
Si l'or me rend mon fils,
Je veux m'ouvrir la veine
Pour en doubler le prix:
Tes largesses tardives
Sont des biens superflus;
Les habitants des sombres rives
Payent de leurs vertus.

Coudrier dont l'ombrage
Protégeait nos plaisirs,
Assis sous ton feuillage,
Je pousse des soupirs.
Au récit de ma peine,
Ces rochers sont émus;

Écho répète encore Ismène,
Mais Ismène n'est plus!

Près de cette hécatombe,
Venez en sanglotant;
Ce marbre sert de tombe
A la mère, à l'enfant.
Son bourreau fut son père,
L'amour fit ses malheurs,
Et son amant se désespère:
Vous leur devez des pleurs.

MES LOISIRS

DANS LA GUYANE FRANÇAISE

en 1801.

Loyauté, Commerce, et Usure.

Durant le fameux hiver de 1784 une femme, chargée d'un poêlon de cuivre, se présenta chez le sieur Crugeon, chaudronnier sur le pont Marie, à Paris. «Il y a sept mois, lui dit-elle, que vous m'avez vendu cet ustensile; je le payai huit livres dix sous, et vous me promîtes de le reprendre à sept livres dix sous, si je voulais m'en défaire dans l'année. Mais ne pouvant prévoir que nous eussions un hiver si rigoureux, je suis obligée de m'en défaire; reprenez votre poêlon et donnez-moi ce qu'il vous plaira. Je loge maintenant à l'autre bout de la ville. Je l'ai offert à cinq ou six personnes, aucun n'a passé le prix de trois livres dix sols. Je vous reconnais et je reconnais le poêlon, répondit l'artisan. Vous avez eu tort de l'offrir à cinq ou six personnes, il fallait venir droit à moi: je suis homme de parole en hiver comme en été; voilà vos sept livres dix sous.»

Beau modèle de franchise et de probité de l'artisan: voilà la vraie justice. Voici l'usure.

Durant le même hiver, un homme de lettres malade entra chez un riche bijoutier dont on rougit de dire le nom, et lui dit: «Vous m'avez vendu il y a six mois, avec garantie, une pendule que je vous payai cinq cents livres. Je suis forcé de m'en défaire; voyez pour quelle somme vous voulez la reprendre. Mon cher monsieur, répondit le trafiquant, il faut aller suivant la saison: l'hiver est très rude: je vous donne deux louis et demi de votre pendule. Le marché se conclut à quatre-vingts livres....»

PHÉNOMÈNE. *Anecdote de 1788.*

Pierre Noël Le Cauchois avait servi long-temps dans un régiment de dragons où il avait mérité et obtenu des distinctions et des grades; mais son bon cœur l'ayant porté à défendre les opprimés, il embrassa la profession d'avocat. Cet homme généreux et infatigable, qui s'était ruiné pour faire éclater dans tout son jour l'innocence de la fille Salmon, est mort à Paris, le 16 février 1788, dans l'indigence la plus déplorable. Ses amis seuls suivirent son convoi en fondant en larmes, et ce fut monsieur Cosson qui, ne voulant point qu'un homme si estimable fût enterré par charité, paya les frais de son enterrement à Saint-Sulpice. Voici ce que le propriétaire de la maison qu'occupait le vertueux Le Cauchois écrivit le jour de sa mort à monsieur Cosson.

«Monsieur, je vous donne avis que le pauvre monsieur Le Cauchois vient de mourir dans la plus affreuse misère, n'ayant pas laissé un sou pour se faire enterrer; vous étiez son ami, monsieur, voyez à régler la manière dont nous lui ferons rendre les derniers devoirs.»

Voilà la fin d'un citoyen qui venait d'arracher un être innocent du bûcher. Il ne faisait que du bien. Il est mort indigent, sans ostentation; donnez à ses mânes des larmes de repentir et de reconnaissance pour le siècle qui a ressuscité un Aristide au milieu de tant d'Alcibiades.

M. Jame de Saint-Léger lui a payé son tribut dans l'épitaphe suivante:

De Mars et de Thémis noble et sage soutien,
Il servit son pays, il sauva l'innocence;
Il mourut sans regrets, hélas! quand l'indigence
Lui ravit le pouvoir de faire encor du bien.
Vous voilà consolés, détracteurs méprisables,
Par qui de ses succès l'honneur fut envié!
Mais la vertu le pleure au sein de l'amitié,
Et sa mort, à jamais, les laisse inconsolables.

CONTRE LA TOILETTE TROP RECHERCHÉE.

Air: *Et ça ne se peut pas*, ou de l'Officier de Fortune: *Fidèle époux, franc militaire.*

Pourquoi, d'une main indiscrète,
Vouloir orner vos doux appas?
On montre, à force de toilette,
Des défauts que l'œil ne voit pas.
Loin d'ajouter à la nature,
Cet art enlaidirait Vénus:
Sur un front qui plaît sans parure
Tous les pompons sont superflus.

Parmi les plaisirs de la table,
Au sein des ris et des amours,
Est-il objet moins agréable

Qu'une pompe de vains atours?
Si ma voisine a quelques charmes,
Bacchus me promet des larcins;
Mais la coquette sous les armes
Fait échouer tous mes desseins.

David, ce roi dévot et sage,
Aimait Bethsabé sans habit;
Holopherne en même équipage
Voulut voir la chaste Judith.
A tort on croirait que Lucrèce
Pour la vertu trancha ses jours;
C'est que Tarquin, par maladresse,
Avait chiffonné ses atours.

Le berger qu'au Pinde on renomme
Pour un arrêt digne des dieux,
A Vénus adjugea la pomme:
Était-ce donc pour ses beaux yeux?
Non, non; Junon, nous dit Homère,
Les avait plus beaux et plus grands;
Mais en femme orgueilleuse et fière,
Elle avait mis trop d'ornements.

Minerve, par trop de sagesse,
Avait trop voilé ses appas;
Vénus, par un trait de finesse,
Prudemment ne les cacha pas:
Sous ces habits de la nature
Elle parut coquettement,
Et sa beauté touchante et pure
Reçut deux prix au même instant.

SUR UN RENDEZ-VOUS.

Demain, dans le palais de Flore,
Je dois rencontrer mon berger
Amour, ouvre mes yeux à la naissante aurore,
Et ferme-les sur le danger.

MES QUATRE AGES.

STANCES ANACRÉONTIQUES.

Dans mon ame douce et paisible
A quinze ans il n'était pas jour.
A vingt ans mon cœur insensible
Émoussa les traits de l'amour.

A vingt-cinq ans, moins intraitable,
Je sus distinguer la beauté,
Et, de raison toujours capable,
Je conservai ma liberté....

Mais j'ai vu la jeune Amaranthe;
Elle compte quinze printemps,
Et moi, qui déjà vise à trente,
Je suis moins sage qu'à quinze ans.

Amour, enfant doux et barbare,
Cher ennemi qu'enfin je sers,
Sont-ce des fleurs, sont-ce des fers
Que ton caprice me prépare?

Loin de ma première saison,
J'aime une belle à son aurore;
Dans son cœur trompé fais éclore
Le désir avec la raison.

Inspire-lui des goûts plus sages
Que ceux du plus fou des amants:
Amour, en opposant nos âges,
Accorde au moins nos sentiments.

LA BONNE AMITIÉ

NÉE DE L'AMOUR.

Je l'attendais avec impatience,
Cet ami si cher à mon cœur;
Je me disais que sa présence
Serait pour moi l'aurore du bonheur.
Je l'attendais sans espérance
Qu'il partagerait mon ardeur;
Mais je me contentai d'avance
D'un sourire plein de douceur.
Je l'attendais avec sagesse,

L'amitié seule eût donné mon baiser,
Et rien n'eût trahi ma tendresse
Que la douleur de le voir refuser.
Je l'attendais dans ma retraite,
Où les amours ne logent plus;
Un seul encor, mais en cachette,
Vit dans mon cœur en vrai reclus.
Je l'attendais sans art et sans parure.
Ah! le plaisir eût animé mes traits:
Le sentiment embellit la nature,
Elle lui doit ses plus touchants attraits.
Il ne vient point. Je ne veux plus l'attendre,
L'ingrat ami qui me fait soupirer;
Mais sans le voir, même sans y prétendre,
Je puis au moins le désirer.

Par Madame DE MONTANCLOS.

LA LANTERNE MAGIQUE.

Un chanteur tire ordinairement le diable par la queue; ce diable est une des merveilles de la lanterne magique. Un joueur de gobelets, un promeneur de vielle et un chanteur, se disputent souvent le terrain sur la même place. Si ces trois hommes sont au niveau de leur état, ils doivent amuser en instruisant. Le premier peint l'adresse des filous, le second les ridicules des sots, et le troisième présente un miroir à la société; il est vrai que le spectateur voit sans être vu; mais un émule du père Ducerceau les a pourtant assez bien attrapés dans la lanterne magique suivante. Le vaudeville entrait dans notre recueil de la Guyane, et je ne le répète jamais sans un doux souvenir du convive qui me l'apprit. Il me rappelle les bois et les cases où nous passions quelques heures de bonheur; et celui-ci était bien vif, car il était payé bien cher.

L'on voit dans ma boîte magique
La rareté! la rareté!
Rien qui ne flatte et qui ne pique
La curiosité.
 Le monde en peinture mouvante,
Par mon verre se montre aux yeux,
Et la figure est si parlante,
Qu'elle fait dire aux curieux:
Oh la merveille!
Oh la merveille sans pareille!

Je fais voir un grand sans caprice;
La rareté! la rareté!

Un courtisan sans artifice;
La curiosité!
Une cour où dame fortune
Ne trouble point les plus beaux jours,
Et n'a pas, ainsi que la lune,
Et son croissant et son décours.
Oh la merveille!
Oh la merveille sans pareille!

Un seigneur sans faste et sans dettes;
La rareté! la rareté!
Un commis riche et les mains nettes;
La curiosité!
Un Crésus chez qui l'industrie
Enfante la prospérité,
Sans que dans l'éclat il oublie
Ce que ses parents ont été:
Oh la merveille!
Oh la merveille sans pareille!

Un bel esprit sans suffisance;
La rareté! la rareté!
Un joueur parmi l'abondance;
La curiosité!
 Un ami qui, dans ma disgrace,
M'aime autant que dans mon bonheur;
Qui, quand le sort m'ôte ma place,
M'en conserve une dans son cœur:
Oh la merveille!
Oh la merveille sans pareille!

Un conteur qui jamais n'ennuie;
La rareté! la rareté!
Un breteur qui jamais ne fuie;
La curiosité!
Un tartuffe à lui-même austère,
Qui, sous la douceur du miel,
Ne déguise point le mystère
D'un cœur amer et plein de fiel:
Oh la merveille!
Oh la merveille sans pareille!

Mari d'accord avec sa femme;
La rareté! la rareté!
Deux cœurs qui ne fassent qu'une âme;

La curiosité!
Paisible et vertueux ménage,
Où sans cesse d'heureux enfants
Trouvent, d'une conduite sage,
Le modèle dans leurs parents:
Oh la merveille!
Oh la merveille sans pareille!

Un petit maître raisonnable;
La rareté! la rareté!
Un plaideur qui soit équitable;
La curiosité!
 Un modeste et sage critique
Qui, sans mélange d'âpreté,
Assaisonne d'un sel attique
Ce que la raison a dicté:
Oh la merveille!
Oh la merveille sans pareille!

Mérite à l'abri de l'envie;
La rareté! la rareté!
Plaisir sans trouble dans la vie;
La curiosité!
Un cœur où n'eut jamais d'empire
Le souci contraire à ses vœux,
Et qui toujours se puisse dire:
Je suis content, je suis heureux!
Oh la merveille!
Oh la merveille sans pareille!

Un grand cœur exempt de foiblesse;
La rareté! la rareté!
Un cœur fier exempt de bassesse;
La curiosité!
Politique sans tromperie,
Courage sans témérité,
Prudence sans pédanterie,
Jeunes appas sans vanité:
Oh la merveille!
Oh la merveille sans pareille!

Grand spectacle où l'on divertisse;
La rareté! la rareté!
Fête où tout le monde applaudisse;
La curiosité!

Chanson badine ou satirique,
Où les couplets soient d'un goût fin,
Dont chaque mot sans blesser pique,
Et prépare un heureux refrain:
Oh la merveille!
Oh la merveille sans pareille!

VOICI LE SECOND TABLEAU DE MA LANTERNE MAGIQUE.

L'AMI DE TOUT LE MONDE.

L'amour-propre des grands seigneurs
Fait le revenu des flatteurs;
C'est où leur fortune se fonde.
En parlant trop sincèrement,
On n'est pas ordinairement
Ami de tout le monde.

Quand j'aime, j'aime uniquement;
Je parle toujours franchement;
Comme le corps j'ai l'ame ronde,
Il ne faut rien faire à demi:
Je compte pour rien un ami
Ami de tout le monde.

Prêtez argent sans intérêts,
Ne le redemandez jamais;
Qu'en bon vin votre cave abonde;
Ouvrez la porte à tous venants,
Et vous serez en peu de temps
Ami de tout le monde.

Aux badauds donnez de l'encens,
Aux Gascons des repas friands,
Aux Bretons, buvez à la ronde,
Ne demandez rien aux Normands,
Et vous serez, avec le temps,
Ami de tout le monde.

QUE DEVIENDRAIT LE MONDE.

Air: *Ma femme le sait.*

Suivons l'amour et la folie
Pour goûter un plaisir charmant;
L'amour est l'ame de la vie,
La folie en fait l'agrément:
La raison jalouse en vain gronde,
Fermons l'oreille à ses discours,
Sans la folie et les amours,
Que deviendrait le monde?

A jeune fillette, une mère
Défend toujours d'aller au bois;
Mais on se rit de sa colère,
Et l'on s'échappe en tapinois:
L'Amour fait le guet à la ronde,
Les Sylvains sont vifs et charmants....
Si l'on écoutait les mamans,
Que deviendrait le monde?

On ne me veut voir occupée
Que de joujoux ou de pompons;
On me renvoie à ma poupée,
Lorsque je fais des questions:
Oh! c'est alors que l'on me gronde....
Si certain désir curieux,
Aux fillettes n'ouvrait les yeux,
Que deviendrait le monde?

Sous le joug de la continence
Un abbé gémit nuit et jour;
Des rigueurs de la pénitence,
Il vole aux plaisirs de l'amour;
Et c'est alors que l'on en gronde.
Mais si ceux qui portent rabat
Observaient tous le célibat,
Que deviendrait le monde?

A dépeupler la terre entière,
Travaillent tous les médecins:
Vous les voyez dans leur carrière
Livrer bataille au genre humain.
Mais si, pendant qu'ils font leur ronde,
Leur sage et prudente moitié

Des maux d'autrui n'avait pitié,
Que deviendrait le monde?

Pauvres maris que l'on offense,
Et dont toujours on rit après,
Chez les autres prenez vengeance,
Et n'en vivez pas moins en paix:
 Qu'on vous raille ou que l'on vous fronde,
Ne vous mettez pas en courroux;
Messieurs, si vous vous fâchiez tous,
Que deviendrait le monde?

Que ce repas est délectable!
Ah! qu'on y voit briller d'attraits!
Vénus, que nous vante la fable,
N'en eut jamais d'aussi parfaits!
Embrassons-nous tous à la ronde,
Trinquons ensemble et buvons plein; Sans le beau sexe et le bon vin
Que deviendrait le monde?

(ANONYME)

L'EMPIRE.

Air: *Amusez-vous, jeunes fillettes.*

L'homme prétend avoir l'empire;
L'homme s'abuse: il est à nous.
Joli minois n'a qu'à sourire,
Notre maître est à nos genoux.
Nous commandons par la tendresse,
C'est un droit qu'Amour nous donna:
Le premier qui dit ma maîtresse,
Fut celui qui nous couronna.(*bis.*)

L'homme regretta son hommage
Aussitôt qu'il nous l'eut rendu:
Il nous en a laissé l'image;
Mais son orgueil n'a rien perdu;
 Il nous cajole, il nous caresse;
Il a toujours l'air de céder;
Il nous appelle sa maîtresse;
Mais c'est pour mieux nous commander.(*bis.*)

LE DÉPIT

CONTRE LA SAGESSE.

Air: *Du réservoir d'amour.*

Corinne, ta beauté n'est pas
Ce qui cause ma flamme;
Oui, je résiste à tes appas,
Mais je cède à ton ame:
Je cède à l'esprit d'Apollon,
Aux talents d'Uranie;
Et c'est même un peu ta raison
Qui cause ma folie.(*bis.*)

En toi, ce qu'on aime le plus,
Fait qu'on se désespère:
En nous montrant moins de vertus,
Tu saurais moins nous plaire.
De toi j'ai reçu le poison,
De toi j'attends la vie:
Corinne, rends-moi ma raison,
Ou bien prends ma folie.(*bis.*)

L'AMANT PRÉSOMPTUEUX.

Air: *C'est la fille à ma tante.*

La simple violette,
Tendre dans ses couleurs,
Sur la naissante herbette
Règne parmi les fleurs.
La jeune Églé, comme elle,
Simple dans ses atours,
Craint de paraître belle,
Mais triomphe toujours.

Le plus beau du village
Lui peint tous ses désirs;
On entend sous l'ombrage
Ses amoureux soupirs;
Mais elle a ma tendresse,
Et mon cœur et ma foi;

Elle m'a dit sans cesse
Qu'elle n'aimait que moi.

En vain elle est sévère;
Mais qu'importe à mon cœur?
Le seul bien de lui plaire
Suffit à mon bonheur.
Sa tendresse m'assure
De sa fidélité
Quel bien dans la nature
Vaut un souris d'Églé?

ROMANCE

DE MADAME DE LA VALLIÈRE.

En 1806, le chef-d'œuvre des miniatures de l'exposition du Muséum était un tableau représentant madame de La Vallière dans sa cellule de carmélite. Un livre de prières à la main: le sermon de Bourdaloue sur la Madeleine. Sur sa fenêtre est un lis, emblème de Louis XIV et de la France: elle le fixe; son livre lui tombe des mains, ses yeux se mouillent de douces larmes, la bonté de son ame se peint dans la douceur de ses traits avec l'amour, le sentiment, la franchise et l'amitié. Ce morceau achevé m'inspira ces couplets.

Air: *C'est à mon maître en l'art de plaire.*

Un grand roi captiva mon ame,
J'osais espérer du retour;
J'eus pour lui la plus tendre flamme,
Il ne la devait qu'à l'amour:
A tout l'éclat qui l'environne
Mon cœur ne trouvait point d'attraits;
Ce n'était pas une couronne,
C'est un amant que je voulais.

Sa grandeur faisait mon martyre;
Et je songeais avec effroi
Que, des sentiments qu'il inspire,
Rien ne peut assurer un roi.
J'aurais voulu, dans mon ivresse,
Réunir tout pour le charmer;
Mais je n'avais que ma tendresse,
Et tout mon art fut de l'aimer.

Je lui donnai plus que ma vie,
Car j'oubliai l'amour pour lui.

L'amour punit ma perfidie
Par le plus insensible oubli;
Un autre à présent sait lui plaire....
Plus que moi je plains mon amant;
Il perd une amante sincère:
Les rois n'en trouvent pas souvent.

A madame de Montespan, sa rivale, en regardant le lis.

Et toi, qui me sembles si vaine
De la douleur où tu me vois,
Je te pardonnerai sans peine
Si tu sais l'aimer mieux que moi.
Dans une retraite profonde
Je ne forme plus qu'un désir:
Qu'il existe heureux dans ce monde;
Moi, j'attends un autre avenir.

CHANSON

SUR LE TRICTRAC.

Air: *Ma plus belle promenade.*

Galants, je veux vous apprendre,
Sans livre et sans almanach,
Un jeu facile à comprendre,
Un nouveau jeu de trictrac.
Il faut, en suivant la chance,
Mettre les dames en bas;
C'est par-là que l'on commence,
Sans quoi l'on ne case pas.

Quand on a su les abattre,
On les pousse encore un peu
Pour avoir de quoi combattre,
Il faut étendre son jeu.
Si votre partie adverse
Craint, et ne s'avance point,
Que votre savoir s'exerce
A battre vite son coin.

C'est par le coin que l'on s'ouvre
L'entrée aux coups importants:
On passe une dame, on couvre,
On avance, on met dedans;

Mais ne faites point d'école,
N'oubliez point à marquer:
Jamais on ne se console
D'être assez sot pour manquer.

Pour faire de grands vacarmes,
N'avoir jamais le dessous,
Il faut amener des carmes,
Car ils font les plus grands coups.
L'autre jour, grand dieu! quel charme,
Et quel plaisir d'y songer!
Je vis prendre par un carme
Cinq ou six trous sans bouger.

Une fille jeune et vive
Ne peut modérer son jeu,
Ni, quand un beau coup arrive,
Garder un juste milieu:
Elle pousse un peu trop vite,
Et, son jeu se serrant trop,
On l'enfile tout de suite
Et l'on va le grand galop.

Si par heureuse fortune,
En l'absence d'un époux,
Vous jouez contre une brune,
Soyez bien sûr de vos coups:
Sur-tout point d'étourderie,
Et prenez bien votre jour;
Car on manque la partie
Souvent par jan de retour.

VOILA COMME ILS SONT TOUS.

Air: *Si des galants de la ville.*

Je conçois bien qu'un novice
En amour perde son temps;
Qu'il soit dupe du caprice,
Qu'il prend pour du sentiment.
Pour moi, satisfait de plaire,
Je ne crois pas aux serments
Qu'une femme peu sincère
Fait toujours à ses amants.

Je déteste l'esclavage,
Le plaisir seul est ma loi;
Je me plais au badinage,
Sans jamais donner ma foi;
Et, de peur qu'une volage
Ne me donne mon congé,
Le matin si je m'engage,
Le soir je suis dégagé.

Églé, Corinne, Julie,
Ont eu mes vœux tour à tour:
Je suis né sans jalousie,
Et mon cœur est sans détour.
J'offre aux belles mon hommage,
Fruit de ma sincérité;
C'est comme un droit de passage
Que l'on doit à la beauté.

LE VIEILLARD JEUNE HOMME.

Air: *Si de tous les maux de l'absence.*

Permets, Hébé, que la vieillesse
Chante la saison des amours,
Ou calme, auprès de la jeunesse,
L'ennui cruel de ses vieux jours:
L'hiver goûte un plaisir céleste
En se rapprochant du printemps;
Laisse-moi savourer un reste,
Un vieux reste de mon bon temps.

Quand dans nos champs une bergère
Couronne son heureux berger;
Quand la molle et verte fougère
Obéit sous son pas léger;
Quand de ses pleurs la jeune aurore
Arrose les fleurs du printemps;
Quand dans le monde tout s'adore,
C'est l'âge d'or, c'est le bon temps.

Jeune Hébé, je commence à croire,
Aux feux que je sens près de toi,
Que les dieux veulent pour ta gloire
Faire un nouveau Titan de moi:
Quand sur ton teint je vois éclore

Toutes les roses du printemps;
Ce tableau me rappelle encore
Ce que je fis dans mon bon temps.

Si jamais de quelque puissance
Je suis revêtu dans les cieux,
Je rends le monde à son enfance;
Et quant au dieu d'amour, je veux
Qu'il immortalise les belles,
Qu'il éternise leur printemps;
Et qu'il coupe, en brûlant ses ailes,
Les ongles et la barbe au temps.

Attribuée au duc de Nivernois.

LE JEUNE HOMME VIEILLARD.

Souffrez, amis, que je vous dise
Le triste état de mes amours;
Je vais le faire avec franchise,
Ne vous y fiez pas toujours:
Déplorez tous mon sort funeste,
L'hiver succède à mon printemps.
Ah! quand on y va de son reste,
Hélas! c'est bien le pauvre temps!

Quand j'aperçois cette bergère
Auprès de son heureux berger;
Quand je songe à ce qu'il doit faire,
Oui, je suis prêt d'en enrager:
Auprès d'un objet qu'il adore,
Ses feux sont toujours renaissants....
Vainement je l'appelle encore
La vigueur de mon ancien temps!

A cinquante ans, nos joyeux pères
Brûlaient jadis de nouveaux feux!
Aujourd'hui, quels effets contraires!
A trente ans je suis déjà vieux.
Comme à Titan, l'Aurore aimable
Devrait ressusciter mes sens;
Mais, hélas! ce n'est qu'une fable
Des annales du bon vieux temps.

Pour m'en consoler, reprit le chanteur, buvons du vin de Palme jusqu'à ce
que l'air de France me rajeunisse, et disons en dépit du sort:

Amis, jusqu'en notre vieillesse
Ménageons-nous d'heureux moments;
C'est un songe que la vieillesse
Après la saison des amants.
Vivent les plaisirs de la table;
L'automne vaut bien le printemps:
Savourons ce jus délectable,
Croyez-moi, c'est-là le bon temps.

CHANSON CRÉOLE.

Musique Créole.

Moi las de tant souffrir,
Moi v'lè mourir.
Zizi trop cruelle,
Moi las de tant souffrir,
Moi v'lè mourir,
Pour mal moi finir.
 Moi bandi en yeux li qui belle;
Moi jurè li, et moi fidèle,
Zizi ny l'air ben doux,
Mais cœur cailloux,
Ly cache là-z-ous.

Z'autre qui toujours heureux,
Ben amoureux;
La sou-z-un feuillage,
Zozo n'a pas chantè....
Yo moment, pèt!....
Zo moi trop mauvais;
Malgré moi, ben content, ben sage,
Pas zottè, Zizi, li volage,
Zozo n'a pas chantè!....
Yo moment pèt,
Sont moi trop mauvais.

Zizi, pas save aimer,
Ayant charmé,
Çà tout ça li scave,
Cœur moi tant désiré,
Tant soupiré
Li sont déchiré,
Moi vinit plat comme youm casave,
Moi semblè un viel pauvre esclave;

Zizi pas save aimer,
Ayant charmé,
Li tout déchiré.

Premier jour, moi voi li
Ça moi sentir
Parlé petit'chose,
 Premier jour moi voir ly
Ça moi sentir
Yous trop grand plaisir;
Couler lis et couler la rose,
Si moi fou, ça li qui la cause,
Ly dit: ay l'air ben doux;
Mais cœur cailloux
Li cache là-zous.

DESTINÉE

DE LA FEMME COQUETTE.

Air: *Tôt tôt tôt, battez chaud, etc.*

La jeune Elvire à quatorze ans,
Livrée à des goûts innocents,
Voit, sans en deviner l'usage,
Éclore ses charmes naissants;
Mais l'amour, effleurant ses sens,
Lui dérobe un premier hommage:
Un soupir
Vient d'ouvrir
Au plaisir
Le passage,
Un songe a percé le nuage.

Lindor, épris de sa beauté,
Se déclare: il est écouté:
 D'un songe, d'une vive image,
Lindor est la réalité.
Le sein d'Elvire est agité,
Le trouble a couvert son visage;
Quel moment,
Si l'amant
Plus ardent
A cet âge
Avait hasardé davantage!

Mais quel trouble vient la saisir
Cet objet d'un premier désir,
Qu'avec rougeur elle envisage,
Est l'époux qu'on doit lui choisir.
On les unit; dieux! quel plaisir!
Elvire en fournit plus d'un gage;
Les ardeurs,
Les langueurs,
Les fureurs,
Tout présage
Qu'on veut un époux sans partage.

Dans le monde, un essaim flatteur
Vivement agite son cœur.
Lindor est devenu volage,
Il a méconnu son bonheur.
Elvire a fait choix d'un vengeur
Qui la prévient, qui l'encourage;
Vengez-vous,
Il est doux,
Quand l'époux
Se dégage,
Qu'un amant répare l'outrage.

Voilà l'outrage réparé,
Son cœur n'est que plus altéré.
Des plaisirs le fréquent usage
Rend le désir immodéré.
Son regard fixe et déclaré
A tout amant tient ce langage:
Dès ce soir,
Si l'espoir
De me voir
Vous engage,
Venez, je reçois votre hommage.

Elle épuise tous les excès;
Mais au milieu de ses succès,
L'époux meurt, et pour héritage
Laisse des dettes, des procès.
Un vieux traitant demande accès,
L'or accompagne son message:
Un coup d'œil
Est l'écueil
Où l'orgueil

Fait naufrage;
Un écrin couronne l'ouvrage.

Dans ces laborieux passe-temps,
Elvire a passé son printemps:
La coquette d'un certain âge
N'a plus d'ami, n'a plus d'amants.
En vain de quelques jeunes gens
Elle ébauche l'apprentissage;
Tout est dit,
L'amour fuit
 On en rit,
Quel dommage!
Mais Elvire enfin devient sage.

LES GANTS.

Air: *Du petit Matelot.*

L'hiver, mes amis, sera rude,
Et de pester j'aurai le droit;
Car ma singulière habitude
Va me reprendre avec le froid.
J'ai beau m'en faire le reproche,
Même sottise tous les ans;
Pour avoir chaud, c'est dans ma poche
Que j'ai toujours porté mes gants.

Pourtant la lecture rend sage;
J'ai beaucoup lu, sans vanité.
Ganter ses mains est un usage
Consacré par l'antiquité.
Nos paladins à l'humeur fière,
Que faisaient-ils au bon vieux temps,
Pour rendre plus chaude une affaire,
Au nez ils se jetaient leurs gants.

Assez souvent un homme en place,
De tous les vices suit la loi;
Est-ce en lui faisant la grimace
Que nous obtiendrons un emploi?
 Quoique son méchant caractère
Agite et révolte nos sens;
Voulons-nous gagner notre affaire?
Pour lui parler prenons des gants.

Au théâtre, si mon ouvrage
Satisfait peu les assistants;
S'il est suivi, non d'un orage,
Mais de sourds applaudissements,
Rendons ma honte supportable;
Disons par tout: quel contre-temps!
Il faisait froid, un froid du diable!
Tout le monde avait mis des gants.

Jeunes fillettes qu'on marie,
Le gant blanc vous est présenté;
A votre main, il signifie
Innocence et fidélité.
Faut-il qu'un seul point m'importune!
Faut-il, au bout de quelque temps,
Qu'à chaque doigt, sans crainte aucune,
Vous déchiriez ainsi vos gants!

Si, dès la première journée,
Parfois l'époux a du souci,
N'accusons point la destinée;
Il n'en est pas toujours ainsi.
Voyez celui qu'amour invite
A cueillir rose du printemps;
Pour peu que l'arbuste s'agite,
Il s'écriera: j'en ai les gants.

Grétry neveu.

LE MOT ET LA CHOSE.

Adressé à une femme susceptible par d'autres femmes.

Air: *Dans ce salon où du Poussin.*

Avec un maintien aussi doux,
Avec autant de modestie,
Pourquoi tous fâcher contre nous
A la moindre plaisanterie?
Pour tous, un aussi mauvais lot
Fait dire à chacun dans sa glose,
Que vous vous offensez du mot,
Et que vous aimez mieux la chose.

Si tel est votre bon plaisir,
Votre goût est vraiment louable;
Il est toujours bon de choisir
L'utile au lieu de l'agréable.
Quand l'hymen sera votre lot,
Je vois que votre seule clause
Sera de tous priver du mot,
Et d'aimer plus souvent la chose.

Ne disputons plus désormais,
Chacun a son goût dans ce monde;
Qu'il soit bon, ou qu'il soit mauvais,
C'est bien à tort que l'on en gronde.
Mais pour rétablir au plutôt
Une paix que je vous propose,
De grace, laissez-nous le mot,
Nous vous abandonnons la chose.

F. D.

COUPLET

Adressé avec une rose à Mademoiselle ***.

Air: *J'ai vu par-tout dans mes voyages.*

De toutes parts on se dispose
A vous fêter, à vous fleurir;
L'amour m'a fourni cette rose,
Permettez-moi de vous l'offrir.
Une rose pour votre fête....
L'hommage n'est point indiscret,
Et c'est un moyen fort honnête
De vous donner votre portrait.

Armand-Gouffé.

LE DEVIN.

Air: *De la Fanfare de Saint-Cloud.*

Je suis d'un fort bon augure,
Approchez gens de céans;
Je lis sur chaque figure
Avec des yeux pénétrants.
Plus d'une vieille commère

Me traitera de sorcier;
C'est ce qu'on dit d'ordinaire
A qui sait bien son métier.

Commençons par vous, Thérèse:
Vous soupirez nuit et jour;
Vous éprouvez un malaise
Qu'on appelle mal d'amour;
Votre maman trop cruelle
Long-temps vous fera languir;
Sans tarder, faites comme elle,
Ne vous laissez pas mourir.

Pour vous, belle Marguerite,
Vous avez ce qu'il vous faut;
Mais cependant au plus vite,
Qu'un mari soit votre lot;
Jacques, Pierre, ou Nicodême,
Eh! n'importe qui vraiment,
Pourvu qu'avant le carême
Vous puissiez être maman.

Qu'avez-vous, gros maître Blaise?
Vous marchez d'un pas bien lourd;
Pour voir vos pieds à votre aise,
Comment ferez-vous un jour?
Votre amour pour le beau sexe
Vous menace d'un affront;
Car un accent circonflexe
Orne déjà votre front.

Vous, Thomas, sans retenue,
A chaque instant vous criez
Que votre vin diminue;
Quoique vous le ménagiez.
Votre femme feint de croire
Aux esprits, aux loups-garoux.
Mais votre voisin Grégoire
Est ivrogne comme vous.

De moi, vous voulez apprendre
Si vous vivrez dans six mois?
A ce terme on doit vous pendre,
Vous a-t-on dit autrefois.
Il est certain que j'ignore
Si dans six mois vous vivrez;

Mais si vous vivez encore,
Il est sûr que vous boirez.

Grétry neveu.

LES AINÉS ET LES CADETS.

Air: *Du ballet des Pierrots.*

Le plus heureux en toutes choses
Est celui qui vient le premier.
Le premier venu prend les roses,
Et l'épine reste au dernier.

Il en est ainsi chez Thalie,
Trop tard, hélas! nous sommes nés;
Il nous faut glaner pour la vie,
La moisson fut pour nos aînés.

L'Hymen de l'Amour est le frère,
Mais l'Amour naquit le premier;
Et dans les jardins de Cythère
L'Hymen ne vint que le dernier.
Tous deux ont part à l'héritage,
Mais l'Hymen, souvent chagriné,
N'a que les fruits pour son partage,
Les fleurs sont toujours pour l'aîné.

On sait assez que la nature
Donne encore un frère à l'Amour:
C'est l'Amour-propre; et l'on assure
Qu'avant l'autre il reçut le jour.
A perdre, en naissant, la lumière,
Le jeune Amour fut condamné;
Aussi le voit-on sur la terre,
Souvent conduit par son aîné.

Dupaty.

LE TOMBEAU DE CÉCILE.

Air: *C'est à mon maître en l'art de plaire.*

Tout reposait dans la nature,
Phœbée seule éclairait les cieux,
Et sa lumière douce et pure

Répandait le calme en tous lieux;
Le berger, près de sa compagne,
Du sommeil goûtait la douceur;
Victor, parcourant la campagne,
Veillait seul avec sa douleur.

Victor, au printemps de son âge,
Avait connu les coups du sort;
Le tendre objet de son hommage
Dormait dans les bras de la mort.
Prêt à fixer sa destinée,
Victor voyait combler ses vœux;
Et le flambeau de l'hyménée
S'allume et s'éteint à ses yeux.

Chaque nuit, cet amant fidèle,
Le cœur navré, versant des pleurs,
Au pied du tombeau de sa belle,
A veiller trouvait des douceurs.
Placé dans un champêtre asile,
Et loin des regards curieux,
Ce tombeau renfermait Cécile,
Où Victor eût-il été mieux?

C'est là, disait-il, que repose
Celle que m'accordait l'amour;
Semblable à la naissante rose,
Son éclat n'a duré qu'un jour!
Cécile était faite pour plaire,
L'amour la forma de ses traits;
Hélas! faut-il donc que la terre
Ensevelisse tant d'attraits?

Son front, trône de l'innocence,
Brillait d'une aimable pudeur;
Les vains plaisirs de l'inconstance
N'avaient point corrompu son cœur;
Ses yeux, où se peignait son ame,
Ne s'ouvraient que pour mon bonheur;
Ses yeux, où j'allumais ma flamme,
Sont fermés même à ma douleur.

Ombre chère, tendre victime,
Accours, vient recevoir ma foi;
Sors du froid cercueil qui t'opprime
Pour voltiger autour de moi.

Que de l'hymen la chaîne heureuse,
Malgré la mort, double nos feux;
Et que la tombe moins affreuse
Se ferme ensuite sur tous deux.

Peut-être tu me dis, Cécile:
Faible ami, pourquoi, quand la mort
Ouvrit pour moi ce triste asile
N'as-tu pas partagé mon sort?
 Oui, ton amant voit la lumière,
Au trépas il n'eut pas recours;
Mais sa peine est bien plus amère,
Il vit pour mourir tous les jours.

Adieu, tombeau de ma maîtresse,
Toi que j'arrose de mes pleurs!
Puissent ces marques de tristesse
Sur toi faire éclore des fleurs!
Alors Victor, d'un pas tranquille,
Mais le désespoir dans le sein,
Quittait la tombe de Cécile,
Pour la revoir le lendemain.

Grétry neveu.

LA BOUCHE.

Air: *Du vaudeville de Cassandre Agamemnon.*

Il faut convenir que les cieux
Ont fait pour nous bien des merveilles;
Les cieux nous ont donné des yeux,
Des mains, des pieds et des oreilles....
Sans doute, ici, vous devinez
Pourquoi je tousse et je me mouche?
C'est qu'avant de parler du nez,
Je veux commencer par la bouche.

On a vu des aveugles nés,
Chantant gaîment leurs chansonnettes;
On peut bien se passer d'un nez,
Lorsqu'on sait lire sans lunette.
On brave les bruits les plus fous
Lorsqu'on est sourd comme une souche....
Mais, ventrebleu! que diriez-vous
Si vous n'aviez pas une bouche?

De comestibles succulents
Quand notre hôte garnit sa table,
Ortolans, merlans, éperlans
Composent un groupe admirable:
Mes yeux convoitent chaque mets;
Avec plaisir ma main les touche;
Et mon nez les respire.... mais
Je n'en mange qu'avec ma bouche!

L'Amour, cet espiègle marmot,
A, je le sais, plus d'un langage.
Par un geste, il remplace un mot;
Souvent c'est un grand avantage:
Sans rien dire, l'on dit beaucoup
A la beauté la plus farouche;
Mais le mot j'aime, qui dit tout,
On ne le dit qu'avec la bouche.

Ce vin dont vous vous enivrez,
Qui vous échauffe et vous réveille,
Peut-être vous me soutiendrez
Que vous l'avalez par l'oreille?
 Qu'on apporte ce jus divin;
Eh vite! qu'on le débouche!....
Je suis sûr qu'en parlant du vin,
L'eau déjà vous vient à la bouche.

Sur ma bouche faut-il rester?
Non, non; dans mon transport bachique,
J'aime mieux vingt fois mériter
D'être mordu par la critique.
Jamais, messieurs, je ne m'en plains;
Et loin que sa fureur me touche,
C'est à coup de verres bien pleins
Que je veux lui fermer la bouche.

Mesdames, vous qui m'inspirez,
En voyant ma bouche paraître,
Dans ma bouche vous trouverez
Mille et mille défauts peut-être.
Combien je ferais de jaloux
Si vous ne preniez pas la mouche,
Et si ma bouche, parmi vous,
Volait gaîment de bouche en bouche.

Armand-Gouffé.

LA VEILLE.

Air: *Vous qui de l'amoureuse ivresse.*

N'en puis douter, ô mon Estelle!
C'est donc demain,
Que pastoureau tendre et fidèle
Reçoit ta main?
Nuit semblera bien longue encore,
Vais soupirer:
Serai surpris par douce aurore
A désirer.

Tendres parents, vous que tant j'aime!
Vous dis adieu;
De fleurs, demain, viendrai moi-même
Parer ce lieu:
Mettrai par-tout rose nouvelle;
Car, pour se voir,
Ne puis donner à mon Estelle
Plus doux miroir.

Chacun s'éloigne, ô mon amie!
Un seul baiser:
Bouche d'Estelle est trop jolie
Pour refuser.
Premier bon soir ne peut suffire,
Quand par amour
Le temps approche où l'on peut dire
Premier bon jour.

Pourquoi ce trouble, mon Estelle?
N'aime que toi;
Toujours amant, époux fidèle
Vivrai pour toi.
Nuit est déjà bien avancée,
Repose-toi,
Et crois que suis par la pensée
Bien près de toi.

Grétry neveu.

L'AIR.

CHANSON LÉGÈRE.

Air: *Du ballet des Pierrots.*

A l'exemple du bon Horace,
Si je veux faire une chanson,
Ce n'est pas l'air qui m'embarrasse,
Bacchus vient me donner le ton.
Presque toujours ma voix ingrate
Le prend trop bas, ou bien trop clair;
Mais, pour cette fois, je me flatte
De chanter des couplets sur l'air.

Travailler est notre habitude;
Sans le travail, adieu nos jours;
Le besoin et l'inquiétude
Viendront en abréger le cours.
Aussi, j'ai la preuve certaine
Que l'on jouirait plus long-temps,
Et que l'on prendrait moins de peine
Si l'on vivait de l'air du temps.

Jugeant du ton par la dépense,
Dans un repas de cent couverts,
Voyez avec quelle insolence
Mondor se donne de grands airs:
Oui; mais dans sa métamorphose,
Quand Mondor, avec tout son bien,
Veut avoir l'air de quelque chose,
Hélas! il n'a plus l'air de rien.

Lise a seize ans, Lise est jolie
Avec son air embarrassé;
Jusqu'à présent, par modestie,
Elle marcha le nez baissé.
Depuis que sa mère lui nomme
L'époux qui viendra cet hiver,
Dès qu'elle voit le nez d'un homme,
La friponne a le nez en l'air.

De mes couplets sans conséquence
Jamais je ne me montre fier;
Mais je suis, dans cette occurrence,
Tout gonflé d'avoir chanté l'air.

Vous dont je brigue la conquête,
Belles, convenez sans façon,
Que désormais si j'ai l'air bête,
J'en aurai l'air et la chanson.

Brazier fils.

LES YEUX.

Air: *J'étais bon chasseur autrefois.*

Que les yeux sont bien inventés!
Comme ils parent bien un visage!
Qu'ils procurent de voluptés
Lorsque l'on en peut faire usage!
Des yeux j'admire le pouvoir;
Mais je crois qu'il est nécessaire,
Quand on fait tant que d'en avoir,
D'en avoir au moins une paire.

C'est sur-tout dans un bon repas
Qu'avec les yeux on fait merveille,
Un gourmand qui n'y verrait pas,
Pourrait mettre dans son oreille.
Le convive laborieux
Doit savoir, quand il n'est pas louche,
Dévorer tout avec ses yeux,
S'il ne met pas tout dans sa bouche.

Au théâtre, où l'on va souvent
Pour voir avec un œil sévère,
On a presque l'air d'un savant
Quand on porte des yeux de verre;
Mais en dépit de ce moyen,
Soit par erreur ou maladresse,
Dans mainte salle on ne voit rien,
Et quelquefois rien dans la pièce.

Les yeux sur la terre fixés
Sont ceux de l'homme qui médite;
Les yeux toujours embarrassés,
Le fripon lorgne et tous évite;
La coquette a les yeux malins,
Avec la tournure agaçante;
Mais il faut des yeux un peu fins
Pour trouver ceux d'une innocente.

Sans les yeux, verrait-on le jour?
Sans les yeux, verrait-on les femmes?
Sans les yeux, ferait-on l'amour?
Pourrait-on lire dans les ames?
Sans les yeux, verrait-on les cieux,
Les fleurs, la lune, les planettes?
Si l'homme n'avait pas des yeux,
A quoi serviraient les lunettes?

Quand on n'a des yeux que pour soi,
La vue est un faible avantage;
Avec les yeux purs de la foi
On est heureux en mariage.
Sur les yeux j'ai fait ma chanson
Avec les yeux de l'espérance,
Et peut-être la lira-t-on
Avec les yeux de l'indulgence.

Antignac.

ÉPITAPHE.

Air: *Nous sommes précepteurs d'amour.*

Exact plus qu'on ne peut penser,
Ci-gît le docteur la Balue:
Il est mort exprès pour passer
Tous ses malades en revue.

Grétry neveu.

UNE CARESSE.

Air: *Avez-vous sous le même toit.*

Pour animer le sentiment,
Rien n'est plus sur qu'une caresse:
Douce caresse est un aimant
Pour l'amitié, pour la tendresse.
Dans l'enfance et dans l'âge mûr,
Même jusque dans la vieillesse,
Si le cœur goûte un plaisir pur,
Il est l'effet d'une caresse.

Les frères caressent leurs sœurs,
La fille caresse sa mère,

Le zéphir caresse les fleurs,
Dorilas caresse Glicère.
 Voyez les ramiers dans les bois
S'aimer, se caresser sans cesse:
Par-tout l'amour dicte ses lois;
Dans l'univers tout se caresse.

Quelquefois des soupçons jaloux
Troublent la paix d'un bon ménage,
Et l'on voit entre deux époux
S'élever un sombre nuage:
L'orage, avant la fin du jour,
Est dissipé par la tendresse;
Et la colère de l'amour
S'apaise par une caresse.

Dans nos plaisirs, dans nos amours,
D'Anacréon suivons les traces;
Comme lui, caressons toujours
Bacchus, les Muses et les Graces:
Du temps qui fuit sachons jouir;
Bonheur d'aimer passe richesse:
Jusqu'à notre dernier soupir,
Rendons caresse pour caresse.

Favart.

A AGLAURE.

Air: *Un soir dans la forêt prochaine.*

Sous la fenêtre de sa belle
Un jeune amant contait ses maux;
Sa plainte attendrit les échos,
Mais n'attendrit point l'infidelle.
Le désespoir au fond du cœur,
Sur un luth dont sa main craintive
Fait gémir la corde plaintive,
Il soupire ainsi sa douleur:

«Beauté, de mon cœur souveraine,
«Apporte un terme à mes tourments;
«Est-ce à mon âge, est-ce à vingt ans
«Qu'on devrait connaître la peine?

«Eh quoi! me faut-il sans retour
«Fermer mon cœur à l'espérance?
«Et sans qu'il s'ouvre à la souffrance,
«Ne peut-il s'ouvrir à l'amour?

«Objet de ma constante flamme,
«Je t'ai dû mon premier désir;
«Je t'ai dû le premier soupir
«Qui soit échappé de mon ame;
«Par un sentiment de plaisir,
«Quand j'ai commencé ma carrière,
«Faut-il qu'un sentiment contraire
«Vienne si vite la finir?

«Tu reposes, et moi je veille!
«Si du moins un songe amoureux,
«Interprète de tous mes vœux,
«Les murmurait à ton oreille!
«Il te dirait qu'un même jour
«Je vis, j'adorais mon Aglaure,
«Et qu'un même jour doit encore
«Finir ma vie et mon amour.»

C'était ainsi que sur sa lyre
Il contait sa peine aux échos,
Quand le confident de ses maux,
L'écho cessa de les redire.
Soit qu'il fit des vœux superflus,
Soit qu'il eût touché l'infidelle,
Sous la fenêtre de sa belle
Le jeune amant ne chanta plus.

M. A. M.

LE JE NE SAIS QUOI.

Air: *Avec les jeux dans le village.*

Un jour je rêvais qu'à Cythère
Le dieu du goût donnait un thé;
Il voulait fêter l'art de plaire,
Qu'il chérit plus que la beauté.
Il dit: «Ceux qui voudront des places,
«Montreront, pour entrer chez moi,
«De l'esprit, du goût et des graces,
«Le séduisant je ne sais quoi!»

N'osant pénétrer dans le temple,
A la porte je cherche un coin;
Comme un amant, là, je contemple
Toutes les nymphes avec soin.
Minois charmants, tailles divines,
Que d'aimables choses je voi!
Des pieds mignons, des jambes fines,
M'inspirent le je ne sais quoi!

Je vis monter au péristyle
Boufflers, Ovide, Anacréon,
Delille, et son ami Virgile,
Bernis, Pannard, Chaulieu, Piron;
Et ce dieu, les voyant paraître,
Leur dit: «Amis, entrez chez moi;
«Vos vers charmants ont fait connaître
«De l'esprit le je ne sais quoi!»

En ce moment entre une file
D'acteurs que Molière conduit;
Le dieu du goût voyant Préville,
En lui serrant la main, lui dit:
«Imitateur inimitable,
«Quel plaisir j'ai quand je vous voi!
«Vous avez, du talent aimable,
«Trouvé le vrai je ne sais quoi!»

Entre l'Amour et la Folie,
J'aperçois un objet charmant,
Je reconnais mon Aspasie;
Le plaisir m'éveille à l'instant.
 Que n'a-t-il duré ce mensonge!
J'éprouvais un si doux émoi,
Que j'aurais vu, peut-être en songe,
De la belle je ne sais quoi!

P. B.

LA RÉSISTANCE,

OU LE SECRET DES FEMMES.

Air: *Ah! quelle gêne et quel tourment.* (Opéra de Pierre-le-Grand.)

Oui, je me livre au désespoir,
Disait certain amant novice,

«Églé, je ne veux plus te voir;
«Car tes charmes font mon supplice!—
«Si je te refuse un baiser,»
Répond elle avec innocence,
«Mes yeux toujours t'ont dit d'oser
«Triompher de ma résistance.—(*bis.*)

«Pour me rendre plus amoureux,
«Tu m'agaces par un sourire:
«Si nous ne sommes que tous deux,
«Tu n'as jamais rien à me dire.—
«Des femmes voilà le secret,
«Dit-elle, contre l'inconstance;
«Mais nous n'employons qu'à regret
«L'appareil de la résistance. (*bis.*)

«La nature, égale pour tous,
«Nous partagea bien ses données;
«Les femmes, plus faibles que vous,
«Doivent être les plus rusées.
«Si chacune garde pour soi
«Les ruses de la résistance,
«C'est pour mieux enfreindre la loi
«Qui la réduit à l'abstinence.(*bis.*)

«Lorsque sous des verrous dorés
«Un turc élève notre enfance,
«Nos cœurs alors sont dispensés
«Des charmes de la résistance.
«Du tyran de notre bonheur,
«Comme des bons maris de France,
«L'amour faisant brèche à l'honneur,
«Nous guérit de la continence.(*bis.*)

«Moins esclaves dans ce climat,
«Il faut que la pudeur nous guide;
«Pour bien garder le célibat,
«La résistance est notre égide.
«Car par-tout les hommes sont rois,
«Et nous sommes sous leur puissance;
«En l'enfreignant, ils ont des droits
«De nous réduire à l'abstinence.»(*bis.*)

Avant, tout comme après l'hymen,
Le plus doux charme de la vie,
C'est quand l'amour donne la main

A quelque tour de tricherie:
L'homme doit être l'agresseur;
La femme, toujours par prudence,
En cédant doit couvrir l'honneur
Du voile de la résistance.(*bis.*)

LA SUITE DU SECRET,

OU DE L'HYMEN.

Air: *Femmes, voulez-vous éprouver.*

Victimes d'une douce erreur,
Si nous en faisons un mystère;
Quand vous attaquez notre cœur,
Alors nous avons l'art de plaire.
Avons-nous comblé vos désirs,
Le dégoût suit la jouissance:
Quand vous variez vos plaisirs,
Nous imitons votre inconstance.(*bis.*)

Notre amant, avant d'être époux,
Était un mortel adorable!
Mais l'hymen l'a rendu jaloux,
Avare, ivrogne, impitoyable.
 Nous étions l'objet le plus beau;
Les dieux auraient voulu nous plaire:
L'amour a changé son flambeau
Pour une torche funéraire.(*bis.*)

Pour bien juger ce différent,
Il faut être célibataire;
Il faut être Français galant,
Et sentir le besoin de plaire.
Pendant l'absence de l'époux,
On se dit, sans lui faire injure:
Vos femmes valent mieux vous,
Et je rends grace à la nature.(*bis.*)

RONDES

FAITES A MONTLUÇON,

CHARMANTE VILLE DU BOURBONNAIS. (EN 1807)

Une cause assez célèbre, que je me propose de publier bientôt, me força d'aller à Montluçon plaider moi-même contre une femme riche, que sa famille, ses alliés et ses gendres faisaient passer pour folle, à l'époque où elle fit des billets d'un tiers de moins que la somme qu'elle devait. Le tribunal et les habitants de Montluçon m'accueillirent avec bonté: ma réputation de chanteur, à Paris, m'avait devancé dans cette ville, qui mérite un rang distingué dans les fastes de l'empire français. Pendant la terreur, Montluçon ne fut troublé par aucune sédition; on n'y versa jamais une goutte de sang; personne n'y fut dénoncé, malgré que cette petite cité renfermât plus de nobles qu'aucune autre ville. Elle se chargea elle seule du maintien de sa police, et répondit avec fermeté de ses concitoyens aux autres communes qui voulaient s'immiscer dans son gouvernement.

Ces prérogatives m'inspirèrent autant de vénération pour les Montluçonnais, que de confiance dans les lumières et l'intégrité des magistrats de leur ville. Pendant que j'attendais l'issue de mon procès, des comédiens de village, qui n'avaient ni bas ni souliers, arrivent à Montluçon, et annoncent une représentation pour restaurer leur caisse et leur estomac. Le théâtre, le plaisir, la table, le jeu et les vierges, sont fêtés dans ce pays, peuplé de riches propriétaires qui mangent leur fortune sans souci, sans ambition, et sans rixe. La troupe ambulante était aussi pitoyable que comique par son nombre et son équipée: elle était composée d'un secrétaire avec ses deux enfants, d'une amoureuse de coulisse, et de trois personnages pour jouer la comédie: cependant la première représentation de la Jeune Hôtesse remonta les finances, et l'aubergiste de l'Écu, où je logeais, leur fit crédit et bonne mine. Nous soupâmes à la même table d'hôte.... Au dessert on parla de donner pour la clôture une seconde représentation; chacun des convives calcula la recette: le directeur, inquiet, répondit que s'il faisait deux cents livres dimanche il aurait ville gagnée....

Je lui en fis bon, et, d'un commun accord, je devins directeur, plaideur, et chanteur. Le lendemain dimanche, car nous étions au samedi, je fis annoncer la Banqueroute du Savetier, le Ventriloque, et un vaudeville sur les habitants de Montluçon; le succès répondit à l'attente: puisse cet impromptu avoir le même avantage à vos yeux!

Air: *Du vaudeville du Chaudronnier de St.-Flour.*

Au milieu d'un riant vallon,
Près d'un coteau fertile,

On voit un joli petit mont,
D'où s'élève une ville.
 Vos bons aïeux, sans façon,
La nommèrent Montluçon.
Dans ce charmant asile,
Caton, Ovide, Anacréon,
Contents d'un sort tranquille,
Trinquent à l'unisson.(*bis.*)

(*Ritournelle générale, en chœur.*)

Des beaux jours de la France,
Veut-on retrouver l'horizon?
Le plaisir en cadence
Ramène à Montluçon.(*bis.*)

Qu'on nomme bien cette cité
Vrai pays de Cocagne.
Car on y sable en liberté
Le Pouilly, le Champagne.
Momus, Bacchus et l'Amour
Y président tour à tour.
Dans ce charmant asile,
Caton, Ovide, Anacréon,
Contents d'un sort tranquille,
Trinquent à l'unisson.(*bis.*)

(*Refrain général, en chœur.*)

Des beaux jours de la France,
Veut-on retrouver l'horizon, etc.

On ne trouve à Montluçon ni libraire, ni bibliothèque, ni cabinet de lecture: tous les habitants lisent la gazette, fêtent la table; les dames vont à l'église et à la comédie, et tous ont un esprit naturel et une amabilité sociable et aussi usagée que celle des érudits; le bon cœur fait dans ce pays le meilleur et le plus savant livre d'éducation.

L'encyclopédie en ces lieux,
Sans charger la mémoire,
Vient de Beaune ou de Condrieux,
Adressée à Grégoire;
Momus, Bacchus et l'Amour,
La rédigent tour à tour.
Dans ce charmant asile, etc.
Des beaux jours de la France, etc.

On voit peu de pays plus galant et plus dévot que cette petite ville; une douzaine de jolies quêteuses parcourent les rues tous les dimanches, et vont rendre visite à tous les hôtels, tenant la bourse paroissiale des pauvres de l'Église, de la chapelle ardente de la Vierge, etc. Tous les dimanches, chaque fille offre une bougie à la Sainte Vierge; et toute l'année, l'Église du lieu est illuminée, comme les nôtres, le jour de la Chandeleur.

C'est ici qu'on voit défiler
Un bataillon de vierge,
 Puisque chacune y fait brûler
Chaque dimanche un cierge;
Voilà l'innocent détour,
Pour sanctifier l'amour.
Dans ce charmant asile, etc.
Des beaux jours de la France, etc.

Dans le long siècle de terreur
Où régnait la discorde,
C'est ici qu'on eut le bonheur
De fixer la concorde;
Vos actes de probité
Valent l'immortalité.
Dans ce charmant asile,
Caton, Ovide, Anacréon,
Contents d'un sort tranquille,
Trinquent à l'unisson.
Des beaux jours de la France,
Veut-on retrouver l'horizon,
Le plaisir en cadence
Ramène à Montluçon. (*bis.*)

Huit jours après, mes débiteurs vinrent à l'audience; la cause fut remise jusqu'au mois d'août. Ce vaudeville fut répété, et le soir nous dansâmes ensemble au refrain en attendant le revoir.

Je retournai à Montluçon au mois d'août suivant. On me demanda des couplets pour le 15, jour de la fête de Napoléon. Pendant que je les faisais, mes débiteurs vinrent consigner des fonds et me forcer de prendre une somme que deux mois auparavant ils ne voulaient pas me payer pour un empire.

Air: *Vive Henri Quatre.*

Vive la gloire,
Vive Napoléon!
Paix et victoire

Ont couronné son nom:
Vive la gloire,
Vive Napoléon!

A coups de verre
Cognons une chanson;
Pour la mieux faire,
Cognez, de son flacon,
Remplit mon verre,
Et chante à l'unisson,

Vive la gloire, etc.

A coups de verre,
On fait à Montluçon
La paix, la guerre,
L'amour et l'oraison.
Les dieux sur terre
Choisiraient ce vallon.

Vive la gloire, etc.

O paix chérie!
Ce lieu fut ton berceau,
Quand l'anarchie
Mit la France au tombeau:
O paix chérie!
Ce lieu fut ton berceau.

Vive la gloire,
Vive Napoléon!
Paix et victoire
Ont couronné son nom:
Vive la gloire,
Vive Napoléon!

NOTES

[1]Voyage à Cayenne, 2 volumes in-8., avec figures; chez L. A. Pitou, libraire, rue Croix-des-Petits-Champs, n. 21. Prix, 7 fr. 50 cent.

[2]Si on crie à l'invraisemblance sur ce goût dépravé, on se souviendra qu'Horace est mon garant. Il dit que l'amour est si bizarre qu'il a vu un galant baiser avec transport le polype de sa maîtresse.

[3]Disette du pain, depuis le mois de décembre 1791, jusqu'en avril 1796.

[4]Le mariage à l'église fut défendu à l'époque de leur fermeture, en octobre 1793, jusqu'au mois de septembre 1795.

[5]M. d'Orv...., après la mort de sa fille, offrit sa dot à son amant. On devine ses motifs.